발이 버린 신

이광복 시집

문학의전당 시인선
0264

발이 버린 신

이광복 시집

문학의전당

시인의 말

밥도 죽도 되지 못하는 시 나부랭이를 쓰겠다고
사람 냄새 폴폴 날리는 그런 시를 쓰겠다고
오늘도 세상을 뒤적거린다.
그러나
내 시는 늘 부족함이 많아
선뜻 세상에 내놓기가 두렵다.

시를 쓴다는 것은
어쩌면 나를 찾아가는 길인지도 모른다.
오랫동안 걸어온 길을
잠시 여기에 내려놓는다.

더 먼 길을 가기 위해서

2017년 7월 신사동 서재에서
이광복

차례

제2부

제3부

제4부

제1부

달걀 득(得)을 하다

벽이 문이었다

문틈을 비집고 들어온 바람이
멱살을 잡고 흔들어
탯줄 끊어진 배꼽에서
울음이 왈칵 쏟아졌다

문을 열자 한 줄기 빛이
눈 안에 어둠을 퍼내
날갯죽지의 깃털이 무거워지고
발바닥에서 길들이 티눈처럼 자라났다

문이 벽이었다

벽이 벽을 낳고 있었다

떨어지는 열매들은 뿌리를 향해 기억을 눕힌다

바람이 불지 않아도 열매가 떨어졌다
열매들은 제 힘으로 떨어지는 줄 알지만
어둠 속에서 홀로
희미해지는 제 몸의 기억을 흔들어 깨우는
뿌리의 안타까운 몸부림이다

떨어지는 열매들은 뿌리의 기억이다
기억 속에는
세상에서 가장 높은 곳에 잎을 매달아 햇살을 퍼 담던
뒤꿈치를 들던 발이 있고
그 햇살로 여물던 열매들이 세상 멀리까지 달려 나가
향기로운 바람과 아름다운 소리들을 품어줄
숲이 있다
그러기에 세상의 모든 열매들은
뿌리에 입술을 적시고 산다

뿌리 근처에는
어린 꿈들이 자라고

더불어 그늘이 자라고, 무덤이 자라고
때론, 가지 끝에 걸린
병든 잎새의 마른기침 소리까지 끌어안고 있는 숲
숲은 뿌리의 그늘이다
그러므로 떨어지는 열매들은
뿌리를 향해 기억을 눕힌다

봄비

깨어 일어나라고

오랜 잠의 어깨 위로

죽비 되어 내리는 말씀

그래도 못 미더워

닦아주고

덮어주고

이 땅에 미련 버리지 못한 하늘이

깨어지고 부서져도 내려주는

수직의 언어

온몸으로 읽기 쉽게

수평으로 풀어주는

불립문자

발이 버린 신

어머니는 부처를
아내는 예수를 우리 삶에 꼭 맞는 신이라고 했다
늘 힘들어 비틀거리는 삶의 길은
부드러운 흙길만이 아닌 울퉁불퉁 자갈길 같아
툭하면 돌부리에 채이고, 그때마다
아픔을 참고 견딜 수 있는 것이 신 때문이라고 했다

초하루마다 깨끗하게 닦은 흰 고무신을 신고 절에 올라가는 어머니
일요일마다 반짝반짝 광을 낸 구두를 신고 교회에 나가는 아내
사람 많은 곳에 가면
신을 잃어버리거나 바뀔까봐 비닐봉지에 담아 드는
어머니와 아내
오래 살다 보면
신을 보고도 그 사람의 됨됨이가 보인다고 했다
석탄절이면 어머니 성화에
깨끗하게 닦은 고무신을 신고 절을 따라가고

성탄절이면 아내의 등살에 떠밀려
번쩍번쩍 광나는 구두를 신고 교회에 따라가는 내겐
부처도 예수도 잘 어울리지 못하는 신이다

비가 종일 내리는 날
할 일도 없는 친구 몇이 어울려 주막집 뒷방에 틀어박혀
막걸리에 음담패설 안주 삼아 화투 패 넘기던 늦은 밤
오줌 누러 문 밖에 나오니 마루 아래 벗어놓은 신들이 엉망이다
뒷간에 들락거리느라 아무나 끌고 다녔을 신들
아무렇게나 엎어지고 흩어지고 밟힌
발이 버린 신들이 외로워지는 밤
흙탕 속에서 부처와 예수가 흠씬 비를 맞은 채
발을 기다리고 있었다

요한 묵시록 22장 22절

어둠이 지워지지 않은 메뉴판이 비린 기름내를 풍기며 배달되어왔다. 메뉴판을 펼치자 죽은 글자들이 힘없이 바닥으로 투두둑 떨어졌다. 사람들이 지나가다 죽은 글자에 발이 걸려 중심 잃고 휘청거렸다.

햇살이 날카롭게 눈알을 파먹는다고 사람들은 눈을 감거나 짙은 검은 안경을 걸쳤다. 검은 안경 뒤로 숨은 눈알들은 안구건조증을 앓았다. 인공 눈물을 바가지째 들이부어도 눈알이 젖지 않아 눈을 감지 않고 잠을 잤다.

어제 죽은 자들이 자신의 죽음에 대하여 강의를 하는 동안 사람들은 밥을 먹거나 술을 마셨다. 밥 먹고 술 마시는 일이 죽기보다 어렵다고 투덜거렸다. 그때마다 문 밖의 길들은 비틀비틀 갈지자걸음을 걸었다. 어지럽다고 길에서 내려 달라고 몇몇이 외쳤지만 길은 모른 척 안개 속으로 달려갔다.

눈과 귀, 입이 없는 사람들이 모여 낄낄거리며 자신의 죄를 고백하곤 밤마다 검은 허공에 붉은 십자가를 매달고 찬송가를 불렀다.

늙은 부처를 만나다

제 몸보다 곱절도 넘는 돌 앞에 앉아
조심스럽게 문을 두드리듯
돌가루 뿌옇게 뒤집어쓴 채 묵묵히 망치질하는
늙은 석공을 보았다

수만 년 어둠 속에서
저마다 부화를 꿈꾸는
어느 계곡 깊은 산이 품고 있던 알이었는지
껍질을 깨듯 오래된 잠을 벗겨내는
석공의 망치질

귀와 입과 눈도 닫은 채
오직 망치 소리만 고요히 울리게 하는 힘 하나로
피안의 문고리를 찾아
때론, 피멍 든 손으로 캄캄한 돌 속의 길을 더듬어
땀내 절은 수많은 시간의 벽을 건너왔겠지

돌 밖에 걸어둔 그림자가 뽀얗게 돌이 되고

서산에 걸린 해도 곱게 익어
늙은 석공의 굽은 등 위로 미끄러지듯 굴러떨어질 때쯤
비로소 먼지를 털고 일어나 돌 속의 길을 걸어 나오는
늙은 부처의 환한 얼굴 하나

나는 날마다 표절한다

땅이 세상의 전부라며
평생 땅만 파 읽던 할아버지
세상은 술로 읽어야 제대로 읽는다며
술독에 빠져 살던 아버지

농사는
피와 땀을 땅에 묻는 어리석은 사람들의 독서법이고
술은
악마의 달콤한 입술에 영혼을 팔아
세상을 온통 오독으로 얼룩지게 한다는 내 신념엔
할아버지와 아버지는 오래도록
펼쳐보고 싶지 않은 자서전이었다

언제나 새롭고 신선한 문장을 찾아
도시의 화려한 불빛 속으로 뛰어든 지
몇십 년
오직 하늘 높이 솟은 성벽 꼭대기에 나부끼는 깃발로
읽히기 위한 오랜 몸부림이 갈증으로 지쳐갈 즈음

내 서재 한 귀퉁이에 할아버지와 아버지가 꽂혔다

또 하루
오늘의 내가 어제의 나를 베껴 적는 아침
세수하려다 무심코 바라본 거울 속
할아버지가
아버지가
물끄러미 나를 바라보고 있다

저문다는 것은

해가 저물자
하늘이 지워지고
마을이 지워지고
사람이, 사람인 내가 지워진다
지워지는 것들 속으로 당신은 내게 다가와
내 안을 기웃거렸고
그때 내가 바라보는 당신은 처음처럼 거기 있었다

마당가 살구나무
수천수만 개의 꼬마전구를 일시에 꺼버린 듯
꽃이 지고
나무의 몸이 캄캄하게 어두워졌을 때
오, 몸살을 앓듯 그렇게 몸이 저물고 나서야
꽃이 지워진 자리가 모두 상처였음을 알았다
저렇게 깜깜하게 지워진 나무의 몸에
꽃이 삶의 전부가 아니라는 듯 나무의 상처 속을 걸어서
당신이 내게 왔다
뜨거운 피가 벌떡벌떡 뛰는 심장으로

저문다는 것은

환한 것에 익숙해진 몸을 지우고

감추고 있던 속살을 헤집어보는 일

내 몸이 까무룩 하게 어두워지기 전

내 몸을 관통해간 수많은 빛의 뒤통수에서

당신과 나의

벌거벗은 알몸을 천천히 들여다보는 일

바닥論

상수리나무 높은 가지 끝
허공의 벼랑에 매달린 열매 하나
바람에 등 떠밀려 툭!
떨어진다
내동댕이치듯 바닥을 향하는 절망의 속도로
사내 하나
늦은 밤 지하도 찬 바닥
신문지 몇 장에 덮인 토막잠 속으로
몸을 굴린다
알코올에 젖은 시간들이 부풀어 오른다

바닥을 친다는 것은
더 이상 내려설 수 없을 때
단단한 껍질을 깨트리는 일
깨진 껍질의 틈새로 손을 내보이는 일
그리하여 그 손으로
열매라는 이름 지우고 씨앗이라는 이름
가슴에 새겨 넣느라 밤새 뒤척일 때면

지하도 흐린 불빛이 얼룩으로 엉겨 붙는
양복 등짝 터진 솔기 사이
누렇게 색 바랜 와이셔츠 안에서
삭혀낸 아픔들이 발효하느라 꿈이 가볍다

오늘밤
바닥에 굴러떨어진 열매 하나가
단단하게 꿈의 뿌리를 내리고 있다

어린 왕자

주머니 가득 별을 갖고 싶은 적 있었지
별을 따러 집 앞 감나무에 몇 번씩 올랐고
그때마다 늘 키는 모자랐지
구름을 만들겠다고
아버지 담배를 몰래 훔쳐 피우기도 했었지
누군가 내가 서 있는 땅이 별이라고 일러주었을 때
그때 풀잎 끝에서 깨어나던 새벽이슬 같았던
그가 내 안에 없음을 알았지

그가 살던 숲은 사막이 되어 있었고
사막에서 고래를 잡겠다고 나는 모래밭을 헤매고 다녔지
그러다 사막 한가운데 서 있는 선인장이 되어
세상을 향해
내 몸속에 숨겨둔 가시를 힘껏 밀어냈어
내 몸에서 돋아난 가시에 찔려
밤마다 별들은 피를 흘리며 죽어갔지

감나무가 베어진 자리에 빌딩이 싹을 틔웠어

빌딩은 키가 높이 자랄수록 날카로운 피뢰침을 달고
날마다 하늘을 찔러댔지
공포에 질린 희멀건 밤하늘을 바라보다 문득
그가 그리워지기 시작했어
그때쯤 내 몸에서 모래바람 소리 들리기 시작했어
모래바람 속에서 언뜻언뜻 그의 모습이 스쳐갔지

물의 꿈

하얀 눈을 허물인 양 뒤집어쓰고
바람 속에 온몸을 떨며 울음을 토해내는
미루나무 한 그루
잔뜩 웅크린 채 동면에 든 이무기가
허물을 벗고 승천하는 용꿈을 꾸듯
머리를 하늘로 둔 물의 잠을 본다
바싹 마른 길을
서로가 어깨를 주어 무동 태워
허공을 오르는 물방울들

햇살은 종일 몸 바깥에서 서성거리다
펼쳐놓았던 제 그림자 거두어들이는 저녁
살도 없는 갈비뼈를 으르렁거리며 물어뜯는 하이에나처럼
쓰러진 갈대의 허리마다 선명하게 찍힌
바람의 이빨 자국들
겨울의 음울한 배경은
죽음으로 덧칠된 침묵뿐인데

아주 죽지는 않았는지 가만히 귀를 기울이면
숨죽여 하늘 향해 기어오르는 발자국 소리
저 기어오르는 발자국에 힘이 붙으면
겨울 허물을 벗느라 꿈틀거리는 몸짓만으로도
들녘은 번져오는 푸른 멍 자국으로 한바탕 몸살을 앓아
겨우내 꿈 한 조각 끌어안고 잠들었던
수천수만의 물방울들
미루나무 가지마다 올라앉아 은비늘 반짝이며
일제히 하늘을 향해 푸른 지느러미를 꺼내드는
눈부신 황홀한 비상

모래알은 물의 지문을 갖고 있다

모래알이 버석버석 밟히고 굴러다니는
오래된 시멘트길이
완강하게 닫혀 있던 마음 열어 보이듯
틈새를 만들어 보인 것인데
틈새마다 풀씨들이 푸른 몸을 일으켜 세운다

너무 좁아 햇볕도 들지 않는
어둠이 토해낸 가래톳 같은 모래알뿐인 틈새에
무슨 힘이 저 푸른 몸을
지상 위로 한 뼘씩이나 밀어 올려준 걸까

수없이 밟히고, 채이고
바람에도 이리저리 굴러가는 모래알들
오래전에 떠나온 강물이라도 기억하려는 것인지
후드득 소낙비 한 줄금 긋자
빗방울이 길 위에 지문처럼 찍혔다 지워지는
그 짧은 찰나
일제히 몸을 굴려 지워지는 물의 지문을

온몸 가득 담는 모래알들
틈새에 가득하다

시멘트 틈새에 부드러운 흙 한 줌 없이도 풀들이 무성한 것은
모래알이 가지고 있는 물의 지문 때문이다
그 지문의 힘으로
세상 한쪽을 환하고 푸르게 받쳐 든다

나는 날마다 변비를 읽는다

때론 습관이 병을 만든다는데
화장실에 쭈그려 앉아 신문을 본다
단 하루도 안녕하지 못한
잉크 냄새에 담긴 암울한 표정의 어제가
소화되지 않은 활자로 검게 눌어붙은 채
내 안의 환했던 기억조차 부패시키는지
자꾸만 속이 더부룩하다

가끔은 말 몇 마디 처방전만으로도
상큼한 세상을 들여다보기도 하지만
어제의 우울한 문장들을 읽을 때마다
오늘은 터질 듯 팽창하는 불안감으로 비틀거리고
그때마다 일방통행의 항문은 늘 병목현상이라
아비규환의 출구 앞에서 내일은 또 길을 잃는다

세상의 온갖 그늘들이
내 몸 깊이 뿌리를 뻗어 내릴수록
두 발을 저리도록 붙잡고 늘어지는 불쾌함

비워낸다는 게 고통인 줄 알기라도 하는지
오늘도 모른 척
그 고통의 언저리에 내 몸을 올려놓는
구린내에 젖은 세상은
오래된 변비 중독환자다

고장 난 선풍기

그럴 줄 알았지
평생을 바람피우는 일에만 골똘했으니
몸뚱이 여기저기 고장 나 삐걱대고
조금만 힘을 써도 온몸이 불덩이처럼 뜨거워지는 걸
진즉에 알아봤어야 했는데
가랑가랑 끓는 숨소리 들어보면
이젠 바람 같지 않은 바람도 버거운 거야

긴 밤을 꼬박 새우기도 몇 날
때론 본의 아니게 벌거벗은 생명들
한여름 밤 복상사 아닌 복상사로 이름 지워버리고
제 탓이 아니라고 툴툴거려보지만
바람은 언제나 머물지 않고 흘러가고
지금은
화려했던 날들의 기억을
구석방에 홀로 누워 지우고 있는 거야

제2부

가족

밖이 궁금해
가출을 꿈꾸는 자식들

밖이 불안해
온몸으로 끌어안는 어미

가을볕에 옥신각신
뜨겁게 여물어가는 밤송이

사라진 달

암스트롱이 달에 발자국을 찍던 날
계수나무는 말라 죽고
옥토끼는 털가죽이 벗겨져
낯선 푸줏간 냉장고 갈고리에 걸린 채 얼어 죽어
사람과 사람 사이엔
달이 떠오르지 않는다

아이들은 낡은 책갈피 사이에 버려진
달의 유골을 꺼내
질량과 부피로 해부해보거나 DNA 검사를 하지만
그리움의 유전자가 없어
쓰레기통에 버려지는 달

달도 아닌 달이
빌딩 등 뒤에 숨어 떠오르다 가로등 불빛에
제 살을 묻는 저녁
사람들은 머리에 빛 잃은 차가운 달 허물 하나씩 쓰고
골목 안으로 사라진다

이제 달은
사람이 없는 어둠과 어둠 사이에 숨어
피고 진다

허공의 힘

마악 나뭇가지 사이로 발을 내뻗어
나뭇잎마다 발자국을 환하게 찍고 있는 아침 해를 바라보다 문득
저 텅 빈 허공이
해의 발자국을 나뭇잎까지 끌고 온 길이었음을
본다
그 길 위로
또 하루 고단한 삶을 묻으며
가볍게 발을 내딛는 한 무리의 새떼들

스스로 제 몸을 열어 길이 되어준 허공엔
비와 바람과 온갖 소리들은 얼마나 많은
발자국을 묻어두었을까

이른 봄날
겨우내 깊은 겨울잠에 든 나무들 흔들어 깨워
여름내 한 뼘씩이나 일으켜 세우더니
손가락보다 가는 나무의 몸에서

수천수만 송이 꽃송이를 끄집어내고 열매를 둥글게 키워 내는
허공의 저 부드러운 손길

생을 다한 잎새의 마지막 슬픔까지 가만히 끌어안는
허공의 가슴팍 안으로
가을은 더 진한 슬픔의 빛깔로 우수수 무너질 때
잠시 저 슬픔 쪽으로 살며시 마음 기대었을 뿐인데
기우뚱 기울어지는 계절
먹먹하게 내려앉는 허공의 무게에 눌려
한바탕 몸살 앓는 내 몸

따뜻한 손

구십 년 만에 그가 돌아갔다
호상이라 했다
슬픔 한 점 묻지 않은 얼굴로
조문객을 일일이 맞이하는 상주
경건한 침묵은
액자 속에서 환하게 웃고 있는 그에 대한
야유다

밤늦도록
법이 없어도 살 사람이었다고 한잔
변변한 집 한 칸 없이 살아도 욕심 없었다고 한잔
장가를 세 번이나 가는 복도 많은 사람이라고 한잔
그래서 흥부처럼 자식 많이 두었다고 한잔
그 자식들 가방끈 짧아도 다 잘되었다고 한잔
넘쳐나는 손 덕분에 오늘 같은 날 외롭지 않는 거라고 한잔
왠지 죽은 자보다 살아있는 자가 외로워보여서 한잔
얼큰하게 취해서 한잔
살아서 차가운 손이

죽어서 따뜻한 손과 술잔을 나눈다

손이 얼마나 따뜻한가가
삶의 무게를 재는 눈금이라도 되는 듯
밤공기에 차가워진 손을
마당가 모닥불 앞으로 서둘러 모으는
살아있는 자들의 흔적이
죽은 자의 흔적에 몸을 씻는 밤
탁! 탁! 타오르는 불꽃이
어둠에 젖은 하늘을 환하게 말리고 있다

비탈에 서다

술 취한 사내가 두 사람 몫의 좌석을 차고앉아
흘러간 옛 노래를 제멋대로 토막 내는
밤늦은 양재행 지하철
듬성듬성 박힌 빈자리마다 형광등 불빛이 졸고 있다
사내는 가끔 부러진 음절 대신
악을 쓰며 쏟아내는 정치 경제가
말끝마다 따라 나오는 씨발에 차여 바닥에 구른다
뿌리도 잊어버린 족속 때문에 세상이 온통 비탈이라고 씨발
그래서 미끄러지는 게 돈도 빽도 없는 우리라고 씨발
여의도는 믿을 놈 하나 없다고 씨발
사내의 이빨 사이에서 단물 빠진 껌처럼 씹히고 씹히는
씨발, 씨발

몇 개의 역을 지나고
새 얼굴들이 빈자리마다 박히면 또다시
사내의 입술 위로 엉금엉금 기어오르다 미끄러지는
씨발정치, 씨발경제, 씨발우리들
못 들은 척 눈을 감거나 무표정한 얼굴로

사내의 침 튀기는 비탈 밖으로 한 발짝 물러선 채
더러는 창문에 비스듬한 비탈로 기대어
덜컹거리며 가는 사람들
말 없는 흔들림 사이로 사내가 왈칵
빈속에 채워 넣은 시어빠진 막걸리를 전동차 바닥에 쏟아 내자
순간 무표정했던 얼굴들이
눈감고 있던 얼굴들이
일그러지며 서로를 돌아보는 그 좁은 사이로
불쑥 솟아오른 비탈
뭐야, 씨발

분재

쉽게 부러지지 않는 철사의 단단함 그
그늘에 묶여 있는 동안
나뭇가지들이 내딛는 발걸음은 모두
철사가 만든 길을 따라 간다
소가 고삐에 끌려가듯 그렇게
좌, 우.
상.
하.
온몸을 비틀며 길들여져야 하는
그 길은
하늘 향해 무수하게 뻗어나던
직선들의 몸부림이 있다
철사가 지향하는 방향으로 일제히 구부러지거나
뒤틀림이
숙명처럼 몸에 낯익어가는 동안
때론 직선들은 부러짐으로 항거도 하지만
쇠들이 품고 있던 기름 냄새며 불 냄새가 몸에 밴
소나무, 단풍나무, 동백, 사과나무

꽃을 피우고 열매를 맺는다
그러나
열매의 기억 속에는
쇠의 완강한 동행이 삭제되어 있어
밤마다 열매는 별이 되고 바람이 되는
꿈을 꾼다

마침표

공원묘지에 가면
무덤들은 저마다 묘비 하나씩 품고 있다
질펵했던 한 생의 뜨거웠던 기억들
오롯이 담아내긴 너무 짧은 문장
이름 석 자 깊고 선명하다

어떻게 살아왔는지
몇 날 밤새워 풀어놓아도 다 풀리지 않는
소설로 써도 몇 권은 될 거라는 그 흔한 푸념으로 범벅된 삶
지금은 고요하다
수십 수백의 입들이 모인 이곳의 고요는
저마다 생의 마지막 문장 뒤에 마침표로 찍혀 있는
묘비 때문이다

간밤 비바람에 기대어 슬그머니 마침표를 밀쳐낸
몇 기의 무덤들
답답한 가슴 옷섶 풀어 헤치듯 봉분 한 자락 풀어놓고
신세타령 한 소절 쏟아낼 요량이었을까

놀란 관리소 직원들이 달려와
전보다 더 단단하게 마침표를 꾹꾹 찍어
입을 봉해놓는다

저 무수한 마침표에는
기억을 마시며 자라는 침묵의 뿌리가 있어
뿌리가 깊게 내릴수록
희미해지는 문장들
공원묘지에 가면 깊이가 다른 침묵이
무성하게 자라고 있다

치킨

닭장차에 실려 와
낯선 곳에 가두어놓는 것도 부족해 손발이 잘리고
목숨까지 빼앗겨버린 나는 내 죄목을 모른다
어두운 세상을 향해
날마다 밝은 세상으로 깨어나라고
외침이 전부인 내 몸에
평생 한 벌의 외투로 버틴 청빈을 벗겨내고
맞지도 않는 두툼한 수의를 걸쳐준 당신들
두려움과 아픔과 분노를 내 몸에서 캐어내고
부드럽고 달콤한 양념의 복종을 심어주었지
언제고 불쑥 꺼낼지도 모를 나의 외침이 두려워
내 목에서 울대를 뽑아냈지만
기름에 튀기고 불로 지져대는 고문을 가한다 해도
나의 외침은 지워지지 않는 내 몸의 기억이야

며칠째 조문객의 행렬이 문전성시를 이루는
길 건너 불닭집을 지나온
늦가을 햇살 한 무리 우르르 창가로 몰려와

다시 한 번 세상을 뜨겁게 달구어보자는 것인지
싸늘히 식어 있는 내 침묵 위로
따뜻한 손을 자꾸만 쿡쿡 찔러 넣는다
쫓고 쫓기는 숨바꼭질 같은 삶과 죽음의 일상이
잘린 목의 단면을 간지럽히는
뜨거운 열기로 휩쓸렸던 지난여름의 거리
가로수들은 그 흔적을 기억이라도 하듯
붉은 잎사귀를 깃발인 양 흔드는 창밖의 저녁
내 몸이 뼈와 살로 분리된 식탁 위엔
하느님은 너무 멀리 있어
감사의 기도는 내겐 과분한 찬양이다

똥참외

묵정밭 우거진 풀 사이에서
노랗게 익다 만 참외 하나
어린애 주먹만 한 것이 늦가을 햇살에
설익은 향기를 풀어내고 있다

한순간
달콤한 황홀함에 취해
척박한 이 땅에 아무렇게나 배설한
한 알의 씨앗
사랑은 손과 같아서
손바닥 안의 따스함에 머물지 못한
한 생애
손등 밖은 춥고 외로웠으리
돌과 잡초, 억센 틈바구니에서
악착같이 뿌리내린 저 간절함에는
그늘이 깊다

가만히 들여다보면

그늘의 깊이에
노랗게 삭혀내지 못한 푸른 얼룩들
그게 모두 상처였음을
문득, 생의 끝자락에서야 보이는 저 아픔 속에
지워지고 찢어진 생의 뒷모습
문패도 족보도 없다

그러나 때론
똥참외가 더 달다

신발장 안

문을 열면
어둠이 왈칵 쏟아져 나왔고
어둠을 따라 나온 냄새들이 여기저기 기웃거렸다
그때마다 사람들은
달려드는 냄새를 털어내듯
얼굴을 찡그렸다

어떤 이들은 곰팡이 냄새라고 했고
더러는 죽음의 냄새라고도 말하지만
오래전에 짝을 잃고 혼자되었거나
둘이서 꼭 붙어 앉은 채 주름살 가득 오래도록 낡아져서
천천히 발효하는 외로움의 향기라는 것을
얼룩진 사랑의 흔적을 읽지를 못한다면 함부로 말하지 말라

말라비틀어진 길들의 쇠잔한 기억이
어둠 속에서 삭제되는 동안
문 밖은 여전히 환하고
바람은 저 혼자 중얼거리며 쉼 없이 지나가고,

또 한 세대 빛나는 얼굴이 들어설 때마다
빛바랜 얼굴 몇몇은 소문도 없이 사라졌다
누구도 사라진 얼굴들을 그리워하지 않았지만
밤이 다 가기 전에 빛나던 꿈들이
어둠 속으로 툭툭 떨어지고 있었다

구두를 슬리퍼처럼 끌고 가는 소리가
낮달처럼 걸려 있는 신발장 안
덩그러니 놓인 신발 한 짝

나를 관조하다

가을이 깊어갈수록
내 안에 소년의 울음이 짙다
온통 허물어져 내리는 것들 사이로
울음 삼키던 바위 같던 사내가
우수수 모래알로 부서지고 또 부서져
먼지가 된다, 먼지구름이 된다
흘러간다
흘러가는 것은 구름도 시간도 아닌
내 몸이다

밤늦은 시간 기도를 한다
어둠을 밟고
저 먼 우주의 은하계를 돌던 기도가 별이 된다
반짝이는 별빛이 창문을 넘어와
머리맡에 읽다 만 시집 갈피에 숨어
자꾸 나를 읽으려 한다
나는 쉽게 해석되지 않는 문장이다
누군가 내 발바닥에 밑줄을 긋고

몇 개의 각주를 달아주지만
나도 아직 나를 다 읽지 못했다
나는 물음표의 진행형이다

탑을 쌓다

드럼통 묻어놓고
널빤지 두 장 걸친 공동화장실
엉덩이 내놓고 쭈그려 앉아
똥을 누다 문득
항문 밑으로 솟아오른 똥탑을 본다

이 추운 겨울
시린 엉덩이와 저려오는 다리로
때론 변비와 설사로
얼마나 많은 사람들 오랜 고행의 흔적인가
비움으로써 채워짐이 있기에
세상 모든 것 잠시 벗어버리고
오직 한곳을 향한 온존한 집중

탑이 된다는 것은
어둠 속에서 빛을 향해 마음을 모으는 일
나도 탑에 돌 하나 얹는 간절함으로
똥 한 덩어리 얹는

무아지경의 이 황홀한 참선

우주와 내 몸이 내통하는 순간

항아리 속의 그늘

무슨 특별한 미련 있는 것도 아닌데
이사 때마다 끌고 다닌 빈 항아리 하나
버리지 못한 끈질긴 악연
벌써 몇 년째
베란다 한쪽 구석을 차지하고 있다
뚜껑을 열자 어둠이 나왔다
어둠은 금세 햇빛 속으로 증발하듯 사라지고
바닥에 어둠이 남기고 간 그늘 한 조각
항아리 안에 손을 넣자 손등을 기어오른다
소금 내 나는 그늘이 따스하다
이 따스함
누구였을까
어디선가 마주쳤을 낯익은 얼굴 같은 따스한 기억
아, 어머니
양지바른 뒤뜰에서 장 담그던 날
채를 받치고 소금물 내리며
비루먹은 말 같은 생 꾹꾹 갈무리하던 투박한 손
손등 주름살 사이에 촘촘히 박혀 있던 그늘

때론, 무명저고리 옷섶에 얼룩으로 붙어 있기도 하고
밥상 위에 한 종지씩 올라와
허기로 시달리던 내 몸을
도회지 낯선 불빛 벼랑 끝으로 밀던
떫은 그늘의 기억
그 기억들이 항아리 속에서 향기롭게 발효되어
텅 빈 내 몸에 가득 차오르는지
굽은 등뼈를 타고 도는 눈물에 목젖이 뜨겁다
문득 항아리 속으로 뛰어드는 햇빛에
나를 떠받치고 있던 그늘이 지워질지 모른다는 불안감
가만히 항아리 뚜껑을 덮어두었다

비닐우산

지하도 입구 한 편
아무렇게나 버려진 당신
오래되어 낡은 것이라고,
이젠 빗방울도 제대로 막을 수 없다고,
신발장 구석에 처박혀 있다 쫓겨난 몸

빗줄기 막아주고
햇빛 가려줄 때
그게 사랑이었음을,
잃어버린 기억 사이로
몸살 앓듯 가을이 흘러가고

잔뜩 웅크린 채 엎드린 어깨 위로
시린 겨울 하늘이 오가며
툭툭 던져주는 하얀 눈송이
몇 닢

제3부

건국 신화

한 나라를 세우기 위해
한 나라의 내일의 내일을 위해
초개와 같이 목숨을 버린
수많은 사내들
아버지, 아버지, 아버지들

손톱만큼 자란
어린 밤송이 매단 밤나무 아래
목숨을 내려놓은
수많은 저
밤꽃, 밤꽃, 밤꽃들

콩 타작

마당 가득 널린 콩대를 향한 서투른 도리깨질은
도리깨가 허공을 몇 바퀴 돌 때마다
내 어깻죽지와 뒤통수를 때리거나
땅바닥에 엇박자로 쑤셔 박기 일쑤였다

도리깨질에 슬슬 요령이 생기자
전문가라도 되듯 힘들이지 않고 내리쳐도
입을 악다물고 있던 콩꼬투리들이 못 견디겠다는 듯
몸을 뒤틀며 입을 쩍 벌렸다
콩꼬투리가 숨기고 있던 것들을 토설해 내듯
희고 노란 콩알들이 튀어나왔다

문득, 세상 간지러운 곳도 이렇게 신나게 내리치면
호두껍데기 같은 단단한 모르쇠 침묵들도
그 검은 입을 쩍 벌리고 무엇인가 와락
시원하게 쏟아져 나올 것 같아
내가 무슨 투사라도 되는 듯
자꾸 어깨에 힘이 잔뜩 들어가는데

"얘야, 살살 내리쳐라. 너무 세게 내려치면
꼬투리째 그냥 떨어져 그러면 뒷일만 많아진다."

어머니는
내가 도리깨질을 하고 지나간 자리에서
꼬투리째 떨어진 것들을 줍고 계셨다

가랑잎

오랜 투병으로 병상에 누워계신 아버지
늦가을 가지에 매달린 채
바람 앞에 파르르 떨고 있는 가랑잎 같다
앙상한 손등
툭툭 불거진 잎맥 같은 혈관에 꽂힌 링거바늘로
떠나려는 아버지를 붙잡고 있지만
곱게 단풍들지 못한 지난 생이
남은 생의 쓸쓸함을 발효시키는지, 때론
가랑가랑 끓어오르는 숨결에서 두엄 냄새가 난다

푸르렀던 생의 젖은 무게를 비워내느라
무겁게 닫혀 있는 눈꺼풀 사이에 고이던 눈물도
말라버려 가벼워진 몸
환자복을 갈아입힐 때마다
탄력을 잃은 피부가 손끝에서 부서질 듯 바스락거린다
비바람 앞에서도 당당하게
내게 기둥이고 언덕이 되어주었던 넓은 등
오그라들 듯 휘어지고

바람 한 줌도 버거워 보이는데

오랜 질곡의 시간 버텨온 가랑잎 하나
바람 앞에 힘없이 떨어진다
잎 진 자리가 퀭하니 허공이다
저 깊은 허공을 오래도록 들여다보며 한 생애의 추억을
가슴 한쪽에 접어 넣자 내 몸에서 허공이 자라났다

누군가의 울음소리가 숲을 빠져나가
허공으로 스며들었다

흘러간다는 것은

해와 달과 별이
바람과 구름이
나무 사이로 흐르는 동안
나무는 제 몸을 하늘로 조금씩 흘려보내고
꽃과 잎은 나뭇가지 위로 흘러가고
몇 마리의 새가 허공을 맨발로 흘러간다

흘러간다는 것은
살아있음을 기억하기 위한 몸부림

양지바른 골목 어귀
귀가 흐름을 멈추려 하는지
중얼중얼 말을 걸어보는 할머니
폐지 가득 실은 유모차 뒤를 따라 흘러가고
오수에 졸린 골목을 기웃대던 햇살이
느릿느릿 할머니 등을 떠밀며 흘러가는 오후

아스팔트 위 고양이 한 마리

흐름을 멈춘 채 무슨 생각에 그리 골똘한지
세상에서 가장 낮은 자세로 몸을 낮추고 고요하다
저 낮은 고요의 깊이에는
오래전에 흐름을 멈춘 아버지
아직도 내 눈물을 마시며 발효하고 계시다

마침표 앞에서

들숨과 날숨 사이에서
팔순의 아버지가 문지방을 넘어온
봄볕이 간지럽다고, 손이 닿지 않는 추억이 간지럽다고
운다 울다 웃는다

안방 뻐꾸기시계 바늘이 12시에 깔딱거리고 걸려 있어
목구멍에 가랑가랑 가래만 끓어오를 뿐, 끝내
속 시원하게 울지 못하는 뻐꾸기
옆에 우르르 줄을 맞추고 선 흑백사진 속 가족들
드디어 무지갯빛 꿈을 꾸는지
주름살 속에 숨어 있던 검고 흰 웃음이 붉다

어제 고샅을 지나간 사람들은 돌아오지 않아
아버지의 성장판을 툭툭 두드려보는
아이들 모두 늙어 있어
봄밤이 지루하다

아버지 문을 닫으세요

봄날은 한바탕 꿈일 뿐이에요

철커덕, 문고리에 자물쇠가 채워지고
지린내가 갇혔다

죽음을 깨닫는 순간 팔십 년의 시간이
한 문장으로 읽혔다

어부

바다는 아버지의 무덤이다
내가 묻힐 무덤이다
무덤은 어머니의 텃밭이다
어머니는 날마다 텃밭에 나가
아버지를 한 소쿠리씩 담아 왔다
어린 나는 아버지를 맛있게 먹었다
그리하여
아버지처럼 자식을 낳고
아버지처럼 말을 하고
아버지처럼 날마다 수평선을 향해
쟁기질을 했다
보습 끝에서 아버지의 무덤이 하얗게 열리고
아버지는 날마다 식탁 위에 올려졌다

언제부턴가 아버지는 보이지 않았다
아버지의 흔적조차 희미해졌을 때 비로소
내 몸의 일부분이 조금씩 없어짐을 알았다
탄력을 잃어버린 근육들이

찍어 누르는 알 수 없는 무게를 감당하기 어려워
다리가 후들거리고 나를 떠받치고 있는 등뼈가 시리다
문득 돌아보니 내가 내 몸을 향해
그물을 던지고 있었다
그 무거운 그물추가 내 몸을 옥죈다
아버지란 이름표 밑에 매달려 깃발처럼 흔들리는 내가
그물에 건져 올려 식탁에 놓인다
몇 개의 입이 재빠르게
내 몸에서 가시를 발라낸다

그늘에서 피는 꽃
—자살한 세 모녀를 기억하며

얼마나 배를 곯았을까
변변한 분갈이 한번 없었으니
쥐구멍만 한 창문 틈새로 들어서는 햇볕에서도
곰팡이 냄새가 자라는 반지하 단칸방
눅눅한 그늘을 입고
그늘이 되어버린 꽃 몇 송이
햇볕 한 모금 제대로 마셔나 보았을까

어쩌면 너무 오래 그늘에 갇혀
뿌리의 기억조차 희미해
우울증에 걸려 잎을 삭제하고
죽음을 나누어 먹고 피는 꽃

태양은 언제나 창밖에서만 떠오르고
빛보다 먼저 찾아오는 어둠에 익숙한
굳게 닫힌 입술 사이에서
의미로 읽히기를 거부한 꽃
눈이 부신 창밖의 꽃이 지면

비로소 꽃이 보이는 빛의 무덤

반지하 단칸방

아카시아

아카시아꽃 활짝 핀 숲에 가면
어머니 가슴에 넘쳐흐르던
젖내 가득하다

손가락만큼 야윈 몸
거친 흙 속 어둠에 발이 담겨 있어도
수백 송이 눈부신 하얀 꽃 건져 올리는
저 몸의 깊이는 어디까진지

바람이 불 적마다
잎새 하나 떨어질세라
꽃송이 하나 잃어버릴세라
부러질 듯 휘었다 일어서는 불안한 몸짓
온몸에 가시를 세워
날카롭게 세상을 노려보는 경계의 눈빛

언젠가 떠나보내야 한다는 것을 알면서도
쉽게 무게를 비워내지 않고

땅으로 휘는 허리
벌레 먹은 잎새, 시든 꽃잎 하나
함부로 버릴 수 없다는 듯
저 가지의 완강함

아, 어머니

지하도에서

지하도 한 편
흐린 불빛
그들은 폐선이었다
바람을 부리던 돛대가
바람에 망가진 앙상한 몸
흙냄새가 난다
늦은 시간에 쫓겨 가는 발자국 몇 개
스치며 쏟아내는 차가운 공기가
신문지 몇 장에 쌓인 몸뚱이에
날카롭게 꽂힌다

폐선들은 밤마다 바다를 꿈꾼다
파도를 가르며 만선을 알리는 깃발
온몸으로 흔들어대는 꿈을
오늘밤도 몇 번의 뒤척이는 몸짓으로
바다를 건너오는지
그늘에 갇힌 얼굴들이 환하건만
뒹구는 소주병에 남아 있는 미래가

밤새 저들의 바다를

어둠 속으로 증발시키고 있다

임진강에서

얼마나 많이 헤어졌다 하나 되었기에
강물은 저리도 제 몸의 깊이를 감추는지
빛조차 깨어 있지 못한 수심에
들꽃처럼 피었다 진 이념의 넋들이
녹슨 쇠붙이 보듬던 손을 씻으며
수면을 향해 은빛 손바닥을 흔들어 보이지만
아직 입을 열지 않는 강물의 침묵

밤마다 베갯잇 적시던 눈물 엉킨 세월이
강벽을 긁으며 몸부림치는 소용돌이 속에 깨어 있어도
강물에 시선 던지고 있는 차가운 철조망 시퍼런 눈빛은
누구의 시린 가슴을 기억이라도 하는 것일까
손끝에 닿는 것이라면 모두
가슴으로 끌어안고 하나 되어 흐르는
강물의 저 깊은 속을 알 수만 있다면
단 하루라도 여울목에 몰려가
조잘거리는 물소리에 손발 담그고
물때 낀 세월 몇 개쯤 건져 올리며 하얗게 웃어보겠지

종일 강둑에 몰려와 칭얼대는 물결 다독거리다
젖가슴 풀어 내리는 저녁노을 뒤로
또 하루가 지워지는데

용주골 가는 길

발자국에 짓밟힌 길이
비틀거리며 간다
상처 난 자리마다
반창고 붙이듯
한 겹 검은 아스팔트 피부를 이식하고
환하게 웃는 미소가 쓸쓸하다

아직, 흙내음 풋풋한 신작로 속으로
이방인의 둔탁한 발자국이
밤꽃 향기를 찍으며 간다
달빛에 몸을 반쯤 감춘 길이
자동차 불빛에 깜짝 놀라
어둠 속으로 숨어버리는 밤
잠 못 드는 길들이 가로등을 받쳐 들고 있다

골목 속에 갇힌
오랜 시간 밟히고 밟혀 지친 길들
촉 낮은 전등 불빛 아래서

깨진 술병과 마구 버리는 담뱃불로
온몸의 얼룩진 상처 끌어안고
상처 속으로
상처 밖으로 날마다 알코올을 흘려보내고 있다

이렇게 상처가 깊은 게 발자국 때문이라면서
또다시 발자국을 기다리는 그 길에
목구멍 가득 차오르는 가래침을
몇 번이고 뱉어보건만
용주골 그 짧은 거리를 지나오기도 전에
문득 가슴 한쪽을 쓸며 가는
나를 밟고 가는 둔탁한 발자국 소리

도라산역에서

길이 갇히고
소리가 닫히고
그렇게 육십여 년

죽어서 흙이 되지 못한
넋들의 눈물이
아픈 허리께에 들꽃으로 피어
밤이면
하늘 가득 별로 떠서 잠들지 못하는
민통선 너머

붉게 녹슨 경의선 철길의 기억을
밟고 선
저 무성하게 자란 들풀 사이로
남과 북의 팽팽한 눈빛을 뚫고
절뚝거리며 서 있는 그대는
어느 시대의 유물인가

돌아보면
통일로 끝자락에 울림으로만 남아 있는
흑과 백도 한 몸이었던
긴 그림자

고려장

차 타고 가세요
아니다, 천천히 걸어가마

동전 몇 닢
하루만치 목숨 들고
파고다 무덤으로 가는

그 무덤 속에서
낡아버린 그림자를
허물었다 쌓고, 쌓았다 허물고 계신

아버지
아버지들
남은 하루의 생이 기우뚱
무릎을 꺾는다

제4부

사랑

냇물에 돌 몇 개 던져놓고
그 징검돌을 밟고 조심조심 네가 왔고
비틀비틀 네가 갔다

오래 뒤
징검돌의 흔적이 아슴아슴해질 때
비로소 그 아슴아슴함이
내겐 눈물이었다

흔적이 흔적 위에 징검돌을 놓고
너에게 간다
눈물을 말리러 간다

잘 포장된 마른 눈물을 보여주러
너에게 간다

단풍나무

날마다 수취인 없는 편지를 씁니다.

누구를 사랑하거나 그리워서 쓰는 게 아닙니다.

온몸 가득 찰랑거리며 흐르는 외로움을 편지에 담을 뿐입니다.

그러다 보면 외로움도 조금은 잦아들겠지요.

혹시, 누군가 읽어줄지도 모른다는 막연함이

점점 간절함으로 바뀌어 편지는 차곡차곡 쌓이고

마침내 내가 쓴 편지에 내 몸이 묻힐 때도 조금도 삭혀들지 않은

이 뜨거움, 더 이상 편지를 써놓을 자리가 없을 때 손끝이 시리고

팔이 저려옵니다.

이젠 편지를 그만 쓰기로 했습니다.

아무리 퍼 담아내도 넘쳐나는 외로움이 서러워집니다.

벌써, 오래전에 써놓은 편지는 색이 바래지고 찢어지거나

여기저기 글자들이 지워지기 시작합니다.

이젠 아무도 내가 써놓은 편지를 들여다보지 않을 겁니다.

싱싱했던 글자들은 말라비틀어지고 지친 내 몸도 야위어 갑니다.

가을비가 추적추적 내리고 태양의 그림자가 짧아지던 날 문득,

나는 내가 쓴 편지를 모두 불태워 땅에 묻기로 했습니다.

그러면 내 몸을 휘감고 있던 외로움이

사라질 것 같기에 편지에 불을 붙였습니다.

붉은 불꽃이 세상을 삼킬 듯 타오릅니다.

불꽃이 몇 날을 타오르는 동안 나는 밤마다 서럽게 울었습니다.

아침마다 맺힌 눈물을 닦으며 불꽃이 지는 것을 바라보았습니다.

오늘은 남은 마지막 편지 한 장 불 속에

던져 넣으려다 땅바닥에 떨구고 말았습니다.

바람이 그 낡은 편지를 어디론가 막 가져갑니다.

그런데, 그런데 왜 갑자기 가슴은 콩닥콩닥 뛰는 건가요?

회 한 접시의 비망록

그날
바다가 캄캄한 울음을 쏟았다

나는 아직도 쓰라리고 아프다
나를 떠받치고 있던
자존심이던 가시를 빼앗기고
맥없이 주저앉는 살 몇 조각의 마지막 몸부림은
반항이 아니라 허무였다

죄목을 기억할 수 없다
내 집인 바다에서 영문도 모른 채 끌려나와
죄수처럼 비좁은 칸막이 자동차에 실려져
이리저리 끌려 다니다 마침내
칼등으로 후려 맞고
발가벗겨지고
손발이 묶이고

누구를 미워하거나 위협한 적도

육지를 바다로 바꾸어 보겠다는 생각조차 없었다
자유로운 세상 악착같이 살아보겠다고
눈칫밥에 굳은살 돋은 무거워진 삶
게슴츠레한 눈동자 몇 개의 욕망 앞에
삶과 죽음은 송두리째
의미 없이 지워지고

맵고 달콤한
초장에 길들여진 혓바닥 위에서
이빨 사이에서
잘근잘근 씹히는 뜨거웠던 내 영혼의 순수

불온한 봄날
—광주 5.18 묘역에서

나무들이 제 몸에 상처를 내며
꽃피우는 것을
보았다

꽃들이
바람 속에 제 몸을 분분히 날려
맨땅을 붉게 적시는 것을
나는 바라보았다

땅을 붉게 적신 꽃들이 흙이 되고
단단했던 한 계절의 응어리가 풀리는 동안
느낌도 없이
내 몸을 밟고 지나간
알 수 없는 저 꽃들의 흔적들

피는 꽃을
지는 꽃을
바라만 보았는데

그냥 모른 척 바라만 보았는데
온몸을 아프게 두드리며 터져 나오는 재채기

바람 때문만은 아니다
코끝을 맴도는
꽃향기 때문만도 아니다
오래도록 꽃그늘 밖에서 서성거리는
내 등 뒤에서 나를
흘겨보고 있는
저 불온한 봄날 때문이다

연못에서

비가 내리면
연못은 출렁거리기 시작한다
빗방울이 굵어질수록
수면 위로 자욱하게 튀어 오르며 부서지는 고요
그 사이로
불쑥 솟아오른 연꽃 한 송이

바람을 따라 굴러가던 몇 장의 종이와 나뭇잎들
비에 젖어 가라앉는다
젖는다는 것은 쉽게 타협한다는 것
그리하여 스스로 무거워져
주저앉는 것들 위로 연꽃이 환하다

연꽃 꽃잎마다
떨어지는 빗방울에 젖지 않으려
빗방울을 이리저리 굴려 털어내는
사뭇 진지한 몸짓
저 몸짓의 깊이에는

검은 뻘흙 속에 평생 몸을 묻어두고도
검은빛에 물들지 않고
곧게 세운 꽃대궁마다 제 몸의 흰 속살을 뽑아 올리는
뿌리의 집념이 있다

그러기에
세상 한 켠이 젖지 않고 환하게 향기로운 것도
새벽마다 꽃봉오리의 잠을 깨우는
뿌리의 고요가 있기 때문이다

등짝

난 천국이라 부르고
아낸 지옥이라고 부르는 산 1번지
햇살이 방 안 깊숙이 얼굴을 들이미는
한 겹 유리문 앞에서
멀리 발아래 엎드린 도시에 너나없이 토해낸
웃음과 울음, 분노를 들여다보는 이 여유로움
땀내 젖은 저들의 그림자가
내 원고지 빈칸마다 살이 되고 피가 되어 살아날 때마다
낡은 슬레이트 지붕 처마 끝에 달빛 별빛 걸어놓고
마시는 쓴 소주 한 잔도 다디단데
늘 내 주머니는 가벼워
손발에 굳은살 두께가 깊어진 아내는
해거름이면 허겁지겁 산 1번지 계단을 올라
늦은 저녁상의 푸른 풀밭을 차려낸다
저 풀밭을 지나간 양떼와 소떼를 내가 기억해내면
허물어지려는 어깨를 곧추세우고 버럭 화를 내는 아내
눈물과 땀과 푸념으로 얼룩진 가계부를 팽개치듯
내 귓전에 던져놓는다

가계부 곳곳에는 가벼운 주머니가 숫자 뒤에 숨어서
커다란 입을 벌려 만든 허방들뿐
저 허방을 채우느라 이젠 지쳤다며 왈칵 울음 쏟는다
그런 날 밤에는
나는 천국을, 아내는 지옥을 끌어안고
서로 등짝을 맞대고 잠을 잔다
이 순간 천국과 지옥의 거리가 까마득하고 쓸쓸하기만 한데
문득, 서로 기댄 등짝이 따습다
천국과 지옥이 살맛나게 따습다

빈집

사랑이 떠나버린
벌레들이 쓸고 간 기둥마다 골다공증을 앓고 있는
바람의 길이 되어버린 몸
허리가 구부러졌다

처마 끝에 잘려나간 전선줄로 귀가 닫혀
풍문으로 떠돌던 소식조차
먼지 쌓인 알전구로 캄캄하고
백회 곱게 올렸던 벽마다 얼룩진 검버섯
비바람에 깊게 패인 주름살 같은 틈새마다
풀벌레 울음이 무성하게 자랐다

이제 벽은
구들장의 따스했던 기억조차 가두어놓지 못한다

부서진 채 힘없이 매달린 문짝과
여기저기 깨진 앙상하게 이빨 빠진 유리창들
바람 속에 내뱉는 덜컹거림은

누군가를 기다리다 지친 한숨 섞인 몸부림이다
저 몸부림 속에는
떠나간 사람들의 마지막 뒷모습이
아픈 기억으로 흔들린다

봄날이 가는데

살짝 스쳤다고 느꼈는데 몸이 허물어졌다
며칠 끙끙 앓고 나서야
그놈에게 흠씬 두들겨 맞은 게 억울해졌다
손 잡아본 것도 아니고
그녀와 잠깐 눈길 마주친 것인데
이렇게 온몸 뜨겁게 개 패듯 두들겨 팬
그녀의 기둥서방 같은 바람 놈
몸이 늙어서 힘 한번 못 쓰고 당한 것이 서러워
몸보다 마음의 상처가 깊은데

겨울인 양 웅크리고 있는 내 몸이 안쓰럽다고
유리창 가득 농염한 웃음 발라놓고 재잘거리는
벚꽃 년들

그래도 한구석 아직 뜨거운 것이 남아 있어
마음은 공갈빵처럼 부풀어 올라
성치 않은 몸 창가에 세워
밤새 절정의 오르가즘으로 온몸 비비꼬며 자지러지던 연

놈들

길바닥에 홍건하게 쏟아놓은 핏빛 비명을 본다
얼마나 뜨거웠던 밤이었기에
유리창이 뿌연 입김으로 범벅된 아침, 창문을 열자
깜짝 놀란 바람 놈 억센 손아귀에 머리채 잡힌 채
어디론가 질질 끌려가는 고년들
고년들이 남기고 간 그림자가 유리창 가득
연초록 실루엣으로 천천히 차오르는데
내 몸을 다녀간 봄의 흔적으로
사타구니가 뻐근하다
움이 돋으려나 보다

낡은 우체통

73번 버스에서 내려
골목길 한참 오르다 문득
길 옆 넝쿨장미 그늘에 갇혀 있는
그녀를 만났어요
눈부시게 화려했던 빨간 옷이 지금은
땟국물 흐르고
너무 낡아 삭아 내린 구멍으로
힐끗힐끗 속살이 보이네요
오래전에 상처 난 한쪽 발 절며
무표정한 얼굴로 나를 보네요
젊은 날 한때
나도 그녀에게 정을 주었는데요
변명 같지만
난 결코 그녀를 버리지 않았어요
먹고 살다 보니 잠시 잊고 있을 뿐
너무 빠른 세상의 물결이 그녀를 잊으라 강요했어요
하지만 그럴 수 있나요
외로움의 뿌리가 너무 깊게 내려

병이 되어 얼마 살지 못할 거라고 소문 무성한데요
그녀가 금방 쓰러질 것만 같아
발길이 떨어지지 않네요
잠시라도 그녀를 위해 이곳에 함께 있고 싶어요
그런데, 그런데
아, 내 품에서 핸드폰이 요란하게 나를 찾네요
아무래도 가봐야겠어요

박꽃

아, 눈이 부셔라
이슬로 감은 머리 달빛에 풀어놓고
어둠이 잠긴 뜨락 위로 가만가만 다가와
만삭의 몸을 향기롭게 풀고 있구나
날마다
하늘로 향한 너의 어린 시선들
투명한 햇살 계단을 오르고
밤도와 잠들지 않은 풀벌레 울음이
너의 귓가에 젖은 날개를 펼쳐 보일 때
자정이 지나서도 남은 수줍음에
부끄러워 차라리 눈이 부심을

밤마다 달빛 부드러운 언어가
살이 되어 꽂히는 가슴에
가난한 내 꿈은 하얀 버선발로 찾아가
잠들기도 하고
가끔은 잠 못 이루는 나의 창가에
너는 하얀 미소로 방문하기도 하지만

부끄러워라
깨끗하게 닦지 않고 마중 나가던
내 마음의 영혼들

오랜 시간 어둠 속 더듬어 자리 잡은 초가지붕
잎새에 숨어 핀 화사한 네 모습은
달의 요정이 뿌려놓은 눈물인가
생을 다한 유성들의 환생인가
혹시, 잃어버린 내 어린 꿈의 영혼인가

포도밭에서

비가 그치자 빈 가지마다
봄볕이 푸른 기운으로 깨어나는 포도밭
지난 한 해
묵묵히 포도송이를 키워냈던 가지들
가지치기를 한다
전지가위가 지나갈 때마다
싹둑싹둑 잘려져 땅바닥에 내려지는 어제의 열정들

지금 이 순간
전지가위에 잘려지는 포도나무나
가위질하는 농부
마음 한 구석은 찡한 파문으로 차올라
포도밭 하늘을 팽팽하게 당기고 있는 철삿줄도
가끔은 파문에 젖어 부르르 몸을 떤다

잘린 가지가 모아지고
쌓이는 부피만큼이 포도나무의 아픔이다
저 아픔의 힘으로

가지들은 탐스런 포도송이를 주렁주렁 매달겠지
잘린 가지의 상처에 손을 얹자
물씬 단내를 풍기는 꿈이 만져진다

섬

그는 오늘도 외줄을 탄다

바람은 날마다
세상을 일으켜 세워
팽팽하게 당겨진 줄을 흔들거나
때론, 그를 후려쳐보기도 하지만
몇 번의 기우뚱거림만 있을 뿐
그는 용케도 줄에서 떨어지지 않았다
우리의 박수 소리가 잦아들자
이내 끊어질 듯 요동치던 줄이 고요해졌다

끝이 보이지 않는 줄 위의 아슬아슬한 삶이
아름다운 한 폭의 그림이던 그에게 다가가자
그가 줄에서 내려와 반긴다
비로소 온통 상처뿐인 그의 몸을 보았다
멍들고 딱지 덕지덕지 앉힌
젖어 있는 저 환한 상처의 흔적들
눈이 부신 그림 같은 아름다움이

저 많은 상처의 흔적이라면
아, 나의 삶은
얼마나 많은 상처의 흔적들을 보듬고 있는 걸까

그 시절

꽃샘추위였다

살얼음 낀 마당가
몇 개의 꽃봉오리 모가지가 떨어졌다

지나가는 눈빛마다 꽃모가지 향기가
자꾸 밟혔다

사방에 꽃들이 만개한 봄날
꽃구경 행렬이 희희낙락 인산인해였다

유난히 겨울이 길고 추워
꽃이 더 아름답다 했다

떨어진 꽃봉오리에 대해선
아무도 말을 안 했다

단지, 꽃샘추위 시절이라 했다

그렇게 봄날은
아무렇지도 않은 듯 흘러갔다

달

그리운 마음으로 바라보면
당신은 너무 멀리 있고

괴로운 마음으로 바라보면
당신은 너무 가까이 있습니다

캄캄한 밤하늘에
빈 가슴 하나 흘러갑니다

해설

흐름과 단절의 변증법, 혹은 메멘토 모리

박남희 시인·문학평론가

1. 까르페 디엠과 메멘토 모리

영화 〈죽은 시인의 사회 Dead Poets Society〉(1990)를 보면 키팅 선생님이 학생들에게 까르페 디엠(Carpe diem)이라는 유명한 말을 들려준다. 학생들에게 도전과 자유의 정신을 심어주기 위해서 던진 이 말은 라틴어로 '현재를 즐겨라'라는 뜻을 가지고 있다. 이것은 고대 로마의 서정 시인 호라티우스의 라틴어 시의 한 구절로 로마의 초대황제 아우구스투스에게 바쳐진 시로 알려져 있다. 호라티우스는 이 시에서 짧고 아까운 인생을 그냥 흘려보내지 말고, 미래를 기다리지 말고 현재에 충실할 것을 말하고 있다. 이러한 삶의 자세는 과거나 미래보다는 현재를 긍정하는 쪽에 무게가 실려 있다.

예로부터 유럽에서 까르페 디엠과 쌍을 이루며 회자되었던 또 다른 화두는 메멘토 모리(Memento mori)이다. 이 말은 라틴어로 자신의 "죽음을 기억하라" 또는 "너는 반드시 죽는다는 것을 기억하라"는 뜻을 가지고 있다. 고대 로마시대 원정 전쟁에서 승리를 거두고 개선하는 장군이 시가행진을 할 때 노예를 시켜 행렬 뒤에서 큰소리로 외치게 했다는 이 말은 "전쟁에서 승리했다고 너무 우쭐대지 말라. 오늘은 개선 장군이지만, 너도 언젠가는 죽는다. 그러니 겸손하게 행동하라."는 의미를 지니고 있다고 한다. 이 두 가지 화두는 어찌 보면 상반된 의미를 가지고 있는 것처럼 보이지만 죽음을 의식하는 것과 현재에 충실하는 것이 서로 별개가 아니라는 점에서 상통하는 측면이 있다. 하지만 까르페 디엠이 현재적이고 긍정적인 인생관을 상징한다면 메멘토 모리는 미래적이고 반성적인 시간 의식 위에 놓여 있다고 볼 수 있다.

평자가 이 글에서 이 두 가지 화두를 꺼내 든 것은 이 글의 텍스트인 이광복 시인의 시가 대부분 메멘토 모리적 시간 의식 위에 놓여 있기 때문이다. 말하자면 이광복 시의 시간관은 선형적이다. 그 뿌리에는 물론 죽음 의식이 자리하고 있다.

해와 달과 별이
바람과 구름이
나무 사이로 흐르는 동안

나무는 제 몸을 하늘로 조금씩 흘려보내고
꽃과 잎은 나뭇가지 위로 흘러가고
몇 마리의 새가 허공을 맨발로 흘러간다

흘러간다는 것은
살아있음을 기억하기 위한 몸부림

양지바른 골목 어귀
귀가 흐름을 멈추려 하는지
중얼중얼 말을 걸어보는 할머니
폐지 가득 실은 유모차 뒤를 따라 흘러가고
오수에 졸린 골목을 기웃대던 햇살이
느릿느릿 할머니 등을 떠밀며 흘러가는 오후

아스팔트 위 고양이 한 마리
흐름을 멈춘 채 무슨 생각에 그리 골똘한지
세상에서 가장 낮은 자세로 몸을 낮추고 고요하다
저 낮은 고요의 깊이에는
오래전에 흐름을 멈춘 아버지
아직도 내 눈물을 마시며 발효하고 계시다

—「흘러간다는 것은」 전문

우주의 운행이나 인간의 삶을 '흐름'으로 인식하는 것은 시간을 선형적으로 바라보는 태도이다. 인용 시에서 "해와 달과 별이/바람과 구름이/나무 사이로 흐르는" 것 역시 이러한 시간관을 보여준다. 선형적 시간관 위에서 보면 인간의 삶은 탄생에서 죽음 쪽으로 흘러간다. 이때 이미 지나가버린 탄생보다는 앞으로 다가올 불확실한 죽음 쪽에 더 무게가 실리게 된다. 시인이 "흘러간다는 것은/살아있음을 기억하기 위한 몸부림"이라고 정의하고 있는 것 역시 그 뿌리가 메멘토 모리적 시간관에 닿아 있다. 이 시에서 "폐지 가득 실은 유모차 뒤를 따라 흘러가"는 할머니나 "낮은 고요의 깊이에"서 "오래전에 흐름을 멈춘 아버지"가 궁극적으로 도달하는 곳은 죽음의 세계이다. 그는 「가랑잎」이라는 제목의 시에서 "오랜 투병으로 병상에 누워계신 아버지"를 "늦가을 가지에 매달린 채/바람 앞에 파르르 떨고 있는 가랑잎"으로 표현하고 있다. 시인은 이 시에서 "오랜 질곡의 시간 버텨온 가랑잎 하나/바람 앞에 힘없이 떨어진다./잎 진 자리가 퀭하니 허공이다/저 깊은 허공을 오래도록 들여다보며 한 생애의 추억을/가슴 한쪽에 접어 넣자 내 몸에서 허공이 자라났다"고 하여 아버지의 죽음을 통해서 느껴지는 허전한 마음을 비유적으로 표현하고 있다. 그런데 이 시의 '허공'은 이광복 시의 근원적 뿌리이며 그 의식은 메멘토 모리에 닿아 있다.

해가 저물자

하늘이 지워지고
마을이 지워지고
사람이, 사람인 내가 지워진다
지워지는 것들 속으로 당신은 내게 다가와
내 안을 기웃거렸고
그때 내가 바라보는 당신은 처음처럼 거기 있었다

마당가 살구나무
수천수만 개의 꼬마전구를 일시에 꺼버린 듯
꽃이 지고
나무의 몸이 캄캄하게 어두워졌을 때
오, 몸살을 앓듯 그렇게 몸이 저물고 나서야
꽃이 지워진 자리가 모두 상처였음을 알았다
저렇게 깜깜하게 지워진 나무의 몸에
꽃이 삶의 전부가 아니라는 듯 나무의 상처 속을 걸어서
당신이 내게 왔다
뜨거운 피가 벌떡벌떡 뛰는 심장으로

저문다는 것은
환한 것에 익숙해진 몸을 지우고
감추고 있던 속살을 헤집어보는 일
내 몸이 까무룩 하게 어두워지기 전
내 몸을 관통해간 수많은 빛의 뒤통수에서

당신과 나의
벌거벗은 알몸을 천천히 들여다보는 일

—「저문다는 것은」 전문

하루해가 저무는 일은 인생으로 말하면 나이를 먹고 늙는 일에 비견된다. 그리고 늙는다는 것은 과거를 망각하는 일과 무관하지 않다. 이 시에서 "해가 저물자/하늘이 지워지고/마을이 지워지고/사람이" 지워지는 것은 단순히 어두워져서 시각적으로 보이지 않는 차원이 아니라 그 속에는 망각의 의미도 함께 포함하고 있다. 인간이 인간을 사랑하는 일은 지워지는 것들 속으로 다가와 서로의 안을 기웃거리고 서로를 바라보는 일이다. 이러한 일 역시 종래는 망각 속으로 들어가는 일이 되겠지만, 인간이 저무는 일은 단순한 망각이 아니라 그 이면에 깨달음을 동반하다는 점에서 의미를 지닌다. 시인은 "꽃이 지고/나무의 몸이 캄캄하게 어두워졌을 때" "몸살을 앓듯 그렇게 몸이 저물고 나서야/꽃이 지워진 자리가 모두 상처였음을" 깨닫는다. 이 시에서 저무는 것은 앞의 시에서 흘러가는 것과 동일한 의미망을 형성한다. 시인은 이 시의 마지막 연에서 "저문다는 것은/환한 것에 익숙해진 몸을 지우고/감추고 있던 속살을 헤집어보는 일"임을 강조하고 있다. 여기서 "감추고 있던 속살을 헤집어보는 일"은 시인이 시를 쓰는 일을 은유적으로 표현한 것처럼 읽힌다. 그 뒤에

이어지는 "내 몸이 까무룩 하게 어두워지기 전/내 몸을 관통해간 수많은 빛의 뒤통수에서/당신과 나의/벌거벗은 알몸을 천천히 들여다보는 일" 역시 같은 맥락 안에 놓여 있다. 이것은 이광복 시의 뿌리가 본질적으로 흘러가 어두워져서 죽음에 닿는 메멘토 모리적 시간관 위에 놓여 있음을 말해주는 것이다.

2. 발이 버린 신, 혹은 신이 버린 발

고대 설화에는 신발에 관한 이야기가 자주 등장한다. 그런데 신발 이야기의 주된 모티브는 한쪽 신발을 잃은 자, 즉 모노산달로스로 귀결된다. 그리스 로마 신화의 이아손 이야기가 그렇고 유럽 전래동화 신데렐라 역시 모노산달로스 모티브가 중심 서사를 이루고 있다. 이광복 시인의 표제 시 「발이 버린 신」은 모노산달로스의 이야기는 아니지만, 신을 신(神)과 신발의 중의적 의미로 사용하여 어머니와 아내로 대비되는 신의 종교성과 세속성을 풍자적으로 그리고 있다.

어머니는 부처를
아내는 예수를 우리 삶에 꼭 맞는 신이라고 했다
늘 힘들어 비틀거리는 삶의 길은

부드러운 흙길만이 아닌 울퉁불퉁 자갈길 같아
툭하면 돌부리에 채이고, 그때마다
아픔을 참고 견딜 수 있는 것이 신 때문이라고 했다

초하루마다 깨끗하게 닦은 흰 고무신을 신고 절에 올라가는 어머니
일요일마다 반짝반짝 광을 낸 구두를 신고 교회에 나가는 아내
사람 많은 곳에 가면
신을 잃어버리거나 바뀔까봐 비닐봉지에 담아 드는
어머니와 아내
오래 살다 보면
신을 보고도 그 사람의 됨됨이가 보인다고 했다
석탄절이면 어머니 성화에
깨끗하게 닦은 고무신을 신고 절을 따라가고
성탄절이면 아내의 등살에 떠밀려
번쩍번쩍 광나는 구두를 신고 교회에 따라가는 내겐
부처도 예수도 잘 어울리지 못하는 신이다

비가 종일 내리는 날
할 일도 없는 친구 몇이 어울려 주막집 뒷방에 틀어박혀
막걸리에 음담패설 안주 삼아 화투 패 넘기던 늦은 밤
오줌 누러 문 밖에 나오니 마루 아래 벗어놓은 신들이

엉망이다
뒷간에 들락거리느라 아무나 끌고 다녔을 신들
아무렇게나 엎어지고 흩어지고 밟힌
발이 버린 신들이 외로워지는 밤
흙탕 속에서 부처와 예수가 흠씬 비를 맞은 채
발을 기다리고 있었다

—「발이 버린 신」 전문

이 시에는 궁극적으로 '인간에게 신은 무엇인가' 하는 근본적인 질문이 내장되어 있다. 시인은 "초하루마다 깨끗하게 닦은 흰 고무신을 신고 절에 올라가는 어머니"와 "일요일마다 반짝반짝 광을 낸 구두를 신고 교회에 나가는 아내" 사이에서 적응하지 못하는 자신을 발견한다. "석탄절이면 어머니 성화에/깨끗하게 닦은 고무신을 신고 절을 따라가고/성탄절이면 아내의 등살에 떠밀려/번쩍번쩍 광나는 구두를 신고 교회에 따라가는" 시인의 모습은 본래 시인이 바라던 모습이 아니다. 시인은 어머니와 아내가 믿는 신(神)을 신발과 동일한 선상에 놓음으로써 신성한 신을 물질의 차원으로 끌어내린다. 이러한 시인의 전략은 신성한 신을 모독하려는 것이 아니라 오히려 신성한 신을 잃어버린 현대인의 삶을 비판하려는 데에 있다.

이 시의 제목 '발이 버린 신'은 필자의 시 「모노산달로스」에 나오는 "신발 한 짝을 잃어버린 꿈을 꾸었다/신발을 찾지 못하고 꿈을 깨고 나니/신발의 상징이 더욱 궁금해졌다//신이 발을 버린 것이 신발이다/신은 버려져서 버려진 것들을 좇는다/(중략)/생각해보면/지금까지 너무 많은 발이 신을 버렸다"는 구절을 연상시켜준다. 이 시의 제목과 필자의 시에서 '발이 신을 버렸다'는 구절은 닮아 있지만, 두 시는 전혀 다른 상상력으로 이루어져 있고 이러한 발상은 흔한 것이라는 점에서 굳이 영향 관계를 따질 필요는 없다. 다만 필자의 시를 참고하면 '발이 버린 신'이나 '신이 버린 발'은 그 주체가 다를 뿐 동일한 맥락에서 읽혀진다.

> 어둠이 지워지지 않은 메뉴판이 비린 기름내를 풍기며 배달되어왔다. 메뉴판을 펼치자 죽은 글자들이 힘없이 바닥으로 투두둑 떨어졌다. 사람들이 지나가다 죽은 글자에 발이 걸려 중심 잃고 휘청거렸다.
>
> 햇살이 날카롭게 눈알을 파먹는다고 사람들은 눈을 감거나 짙은 검은 안경을 걸쳤다. 검은 안경 뒤로 숨은 눈알들은 안구건조증을 앓았다. 인공 눈물을 바가지째 들이부어도 눈알이 젖지 않아 눈을 감지 않고 잠을 잤다.
>
> 어제 죽은 자들이 자신의 죽음에 대하여 강의를 하는 동안 사람들은 밥을 먹거나 술을 마셨다. 밥 먹고 술 마시는 일이 죽기보다 어렵다고 투덜거렸다. 그때마다 문 밖

의 길들은 비틀비틀 갈지자걸음을 걸었다. 어지럽다고 길에서 내려 달라고 몇몇이 외쳤지만 길은 모른 척 안개 속으로 달려갔다.

눈과 귀, 입이 없는 사람들이 모여 낄낄거리며 자신의 죄를 고백하곤 밤마다 검은 허공에 붉은 십자가를 매달고 찬송가를 불렀다.

—「요한 묵시록 22장 22절」 전문

이 시의 제목을 성경에서 찾아보는 것은 불가능하다. 왜냐하면 신약성경의 마지막은 '요한계시록 22장 21절'로 끝나기 때문이다. 성경에 의하면 요한계시록 이후의 세상은 새 하늘과 새 땅이 펼쳐지는 새로운 세상이다. 즉 현세 이후의 세상이다. 이 시 역시 그러한 세상을 그리고 있다. 하지만 시인이 그리는 세상은 천국의 모습도 지옥의 모습도 아니다. 다분히 현세를 닮아 있지만 현세는 아니다. 이 시의 1연을 보면 '어둠이 지워지지 않은 메뉴판'이나 '죽은 글자'라는 표현이 등장하는데 이것은 이 시의 공간이 사후의 공간이라는 것을 암시해준다. 2연에서 햇살이 눈알을 파먹는 모습이나 눈을 감지 않고 잠을 자는 모습은 다분히 지옥의 모습 쪽에 가깝다. 3연 역시 "밥 먹고 술 마시는 일이 죽기보다 어렵"고 "어지럽다고 길에서 내려 달라고" 외쳤지만 "길은 모른 척 안개 속으로 달려갔다"는 진술로 보아 천국보다는 지옥 쪽에 가까운

장면을 보여준다. 마지막 4연은 죽은 후에 "눈과 귀, 입이 없는 사람들이 모여 낄낄거리며 자신의 죄를 고백하곤 밤마다 검은 허공에 붉은 십자가를 매달고 찬송가를" 부른다는 내용인데, 이러한 모습은 현대 교회가 처해 있는 환경과 아주 흡사하다는 점에서 타락한 현대 교회의 패러디로 읽어도 무방하다. 여기서 "눈과 귀, 입이 없는 사람들"은 단순히 죽은 사람들을 가리키는 것이 아니라 소통하지 못하는 현대인들의 단절을 상징적으로 보여주는 대목이라고 생각된다.

> 암스트롱이 달에 발자국을 찍던 날
> 계수나무는 말라 죽고
> 옥토끼는 털가죽이 벗겨져
> 낯선 푸줏간 냉장고 갈고리에 걸린 채 얼어 죽어
> 사람과 사람 사이엔
> 달이 떠오르지 않는다
>
> 아이들은 낡은 책갈피 사이에 버려진
> 달의 유골을 꺼내
> 질량과 부피로 해부해보거나 DNA 검사를 하지만
> 그리움의 유전자가 없어
> 쓰레기통에 버려지는 달
>
> 달도 아닌 달이

빌딩 등 뒤에 숨어 떠오르다 가로등 불빛에
제 살을 묻는 저녁
사람들은 머리에 빛 잃은 차가운 달 허물 하나씩 쓰고
골목 안으로 사라진다

이제 달은
사람이 없는 어둠과 어둠 사이에 숨어
피고 진다

—「사라진 달」 전문

예로부터 달은 꿈과 풍요의 상징이었다. 보름이 되면 달이 뜨는 능선에 올라 달님에게 소원을 빌던 풍습은 단순히 미신의 차원을 뛰어넘어 선인들의 문화적 전통을 이끌어가는 서사로서 중요한 가치를 지니고 있다. 해가 하루의 시간과 연관되어 있는 데 반해 달은 12개월이나 계절이나 절기와 상관관계를 이루고 있어서, 우리 조상들이 달을 얼마나 중요한 대상으로 여겼는지 쉽게 알 수 있다. 해에 비해서 달은 인간에게 훨씬 친숙한 존재여서 이태백이나 옥토끼가 함께 놀 수 있는 꿈의 공간이다. 그런데 과학이 발달하고 인공위성이 달을 정복한 이후에는 이러한 이야기나 노래들이 더 이상 꿈의 전령이 되지 못했다. "사람과 사람 사이엔/달이 떠오르지 않는다"는 시인의 진술은 이러한 현실을 비유적으로 표현한 것이다.

시인에 의하면 옛날의 달은 그리움의 유전자가 있었지만 요즘의 달은 "그리움의 유전자가 없어/쓰레기통에 버려"지는 존재가 되어버렸다. 그러므로 시인의 인식 속에는 요즘의 달이 '달도 아닌 달'로 보일 수밖에 없다. 달로 상징되던 꿈과 그리움을 잃어버린 현대인들이 "머리에 빛 잃은 차가운 달 허물 하나씩 쓰고/골목 안으로 사라"지는 모습은 어딘가 쓸쓸하다. 달과 인간 사이에 흐르던 옛 정서는 이제 골동품이 되어버리고 요즘은 인간과 달 사이에는 차가운 무관심만 존재한다. 그리하여 시인은 허전하고 안타까운 마음으로 다음과 같이 달을 노래한다. "그리운 마음으로 바라보면/당신은 너무 멀리 있고//괴로운 마음으로 바라보면/당신은 너무 가까이 있습니다.//캄캄한 밤하늘에/빈 가슴 하나 흘러갑니다."(「달」 전문)라고.

3. 단절을 극복하는 몇 가지 방법—표절, 역사인식, 관조

이광복의 시에는 소통과 단절의 모습이 동시에 존재한다. 이미 앞에서 살펴본 바와 같이 죽음, 잃어버림, 사라짐을 모티브로 사용하고 있는 시들은 대부분 단절의 아픔을 노래한다. 이 시집의 후반부에 등장하는 '분단'을 모티브로 하고 있는 시들 역시 이 부류에 속한다. 시인의 주변에서 이러한 모티브가 자주 보이는 것은 시인이 마주하고 있는 세상이 아이러니하기 때문이다. 시인은 아이러니한 세상을 아이러니한 방법으로 돌파하려는 모습을 보여준다. 그가 언밸런스한 가족사를 극복하기 위해서 '표절'을 이야기하는 것도 이와 무관하지 않다.

땅이 세상의 전부라며
평생 땅만 파 읽던 할아버지
세상은 술로 읽어야 제대로 읽는다며
술독에 빠져 살던 아버지

농사는
피와 땀을 땅에 묻는 어리석은 사람들의 독서법이고
술은
악마의 달콤한 입술에 영혼을 팔아
세상을 온통 오독으로 얼룩지게 한다는 내 신념엔
할아버지와 아버지는 오래도록
펼쳐보고 싶지 않은 자서전이었다

언제나 새롭고 신선한 문장을 찾아
도시의 화려한 불빛 속으로 뛰어든 지
몇십 년
오직 하늘 높이 솟은 성벽 꼭대기에 나부끼는 깃발로

읽히기 위한 오랜 몸부림이 갈증으로 지쳐갈 즈음
내 서재 한 귀퉁이에 할아버지와 아버지가 꽂혔다

또 하루
오늘의 내가 어제의 나를 베껴 적는 아침
세수하려다 무심코 바라본 거울 속
할아버지가
아버지가
물끄러미 나를 바라보고 있다

—「나는 날마다 표절한다」 전문

이 시를 읽어보면 시인이 세상을 읽는 독법과 할아버지와 아버지가 세상을 읽는 독법 사이에는 어딘가 서로 어울릴 수 없는 틈이 존재한다. 시인은 할아버지가 평생 가업으로 삼은 "농사는/피와 땀을 땅에 묻는 어리석은 사람들의 독서법이고" 아버지가 즐겨 마시던 "술은/악마의 달콤한 입술에 영혼을 팔아/세상을 온통 오독으로 얼룩지게 한다"는 신념을 가지고 있기 때문에 시인에게 있어서 "할아버지와 아버지는 오래도록/펼쳐보고 싶지 않는 자서전"일 뿐인 것이다. 시인은 이러한 틈을 메우기 위해 "새롭고 신선한 문장을 찾아" 시를 쓰게 된다. 그런데 그의 시에는 어느새 자신이 그렇게도 혐오하던 할아버지와 아버지가 자신의 거울처럼 자리하고 있다. 그는 곧 깨닫는다. 시를 쓰는 일이 할아버지와 아버지의 삶을 표절하는 일과 다른 것이 아님을. 즉 그가 시를 쓰는 일은 "오늘의 내가 어제의 나를 베껴 적는" 일이다. 그는 세수를 하면서 거울에 비친 자신의 얼굴이 할아버지와 아버지의 얼굴과 다른 얼굴이 아니라는 것을 깨닫는다.

그의 다른 시 「봄비」에서 "깨어 일어나라고/오랜 잠의 어깨 위로/죽비 되어 내리는 말씀/그래도 못 미더워/닦아주고/덮어주"는 "이 땅에 미련 버리지 못한 하늘"이 조상의 은유로 읽히는 것은 우연이 아니다. 이런 관점에서 보면 봄비야말로 죽어서 하늘에 올라간 '조상'과 아직 땅을 딛고 살아가는 '나'를 이어주는 가교인 것이다.

> 나무들이 제 몸에 상처를 내며
> 꽃피우는 것을
> 보았다
>
> 꽃들이
> 바람 속에 제 몸을 분분히 날려
> 맨땅을 붉게 적시는 것을
> 나는 바라보았다
>
> 땅을 붉게 적신 꽃들이 흙이 되고
> 단단했던 한 계절의 응어리가 풀리는 동안
> 느낌도 없이

내 몸을 밟고 지나간
알 수 없는 저 꽃들의 흔적들

피는 꽃을
지는 꽃을
바라만 보았는데
그냥 모른 척 바라만 보았는데
온몸을 아프게 두드리며 터져 나오는 재채기

바람 때문만은 아니다
코끝을 맴도는
꽃향기 때문만도 아니다
오래도록 꽃그늘 밖에서 서성거리는
내 등 뒤에서 나를
흘겨보고 있는
저 불온한 봄날 때문이다

—「불온한 봄날」 전문

시인은 봄날에 피는 꽃들을 보면서 그 꽃들이 피고 지는 과정을 역사의식의 관점에서 새롭게 읽어낸다. 평소에는 봄이 되어 꽃이 피는 것은 너무나 당연한 섭리로 느꼈었는데, 질곡의 역사를 지나온 시인의 눈에는 그런 것들이 새롭게 보이기 시작한다. 봄 나무들이 피워내는 꽃에서 상처를 발견하고, 꽃들이 바람 속으로 제 몸을 던져 "맨땅을 붉게 적시는 것"을 통해 민주화를 위해서 싸우다 죽어 간 영령들의 모습을 본다. 이러한 시인의 태도는 "피는 꽃을/지는 꽃을" "그냥 모른 척 바라만 보"던 종전의 삶의 방식에 비추어보면 실로 엄청난 변화가 아닐 수 없다. 시인은 이러한 변화의 이유로 "오래도록 꽃그늘 밖에서 서성거리는/내 등 뒤에서 나를/흘겨보고 있는/저 불온한 봄날 때문"이라고 말한다. 여기서 '불온한 봄날'은 '광주 5.18 묘역에서'라는 이 시의 부제를 감안하면 '광주민주화운동'을 지칭하는 것이 된다. 즉 시인의 단절되었던 역사의식을 일깨운 것은 단연 광주민주화운동이다. 그의 다른 시 「도라산역에서」에서 "길이 갇히고/소리가 닫히고/그렇게 육십여 년" "통일로 끝자락에 울림으로만 남아 있는/흑과 백도 한 몸이었던/긴 그림자"로 표상되는 '도라산역'에 대한 시인의 관심도 이러한 역사의식의 소산이다. 그는 이렇듯 새로운 역사의식을 통해서 단절되었던 역사의 숨길을 틔우고 있는 것이다.

> 가을이 깊어갈수록
> 내 안에 소년의 울음이 짙다
> 온통 허물어져 내리는 것들 사이로
> 울음 삼키던 바위 같던 사내가
> 우수수 모래알로 부서지고 또 부서져

먼지가 된다, 먼지구름이 된다
흘러간다
흘러가는 것은 구름도 시간도 아닌
내 몸이다

밤늦은 시간 기도를 한다
어둠을 밟고
저 먼 우주의 은하계를 돌던 기도가 별이 된다
반짝이는 별빛이 창문을 넘어와
머리말에 읽다 만 시집 갈피에 숨어
자꾸 나를 읽으려 한다
나는 쉽게 해석되지 않는 문장이다
누군가 내 발바닥에 밑줄을 긋고
몇 개의 각주를 달아주지만
나도 아직 나를 다 읽지 못했다
나는 물음표의 진행형이다

—「나를 관조하다」 전문

인간은 나이를 먹을수록 자신의 삶을 돌아보기 위해 지금껏 자신의 온몸을 비추며 따라온 시간의 거울을 다시 들여다보게 된다. 이 시에서 시인이 시간의 거울을 통해서 발견한 것은 시인의 내면에 자리하고 있던 '소년의 울음'이다. 여기서 '소년'은 "온통 허물어져 내리는 것들 사이로/울음을 삼키던 바위 같던 사내가/우수수 모래알로 부서지고 또 부서져/먼지가" 되기 이전의 모습이다. 하지만 시인의 모습 속에는 소년은 간데없고 그 울음만 남아 있다. 그 사내는 먼지구름이 되어 시인의 몸과 함께 어디론가 흘러간다. 시인은 자신의 몸이 흘러가는 곳을 알기 위해 '관조'의 눈으로 세상을 본다. 시인이 택한 관조의 방법은 '기도'이다. 그 기도는 거울처럼 "저 먼 우주의 은하계를 떠돌던" 별이 되어 창문을 넘어와 읽다 만 시집 갈피에 숨어 '나'를 읽으려고 한다. 이것은 시인이 시를 통해서 우주와 소통하는 모습이며, 주체를 고집하지 않고 주체를 선뜻 대상에게 내어주는, 새로운 차원의 인식 태도이다. 시인이 시를 쓰는 행위가 자신의 감추어진 존재성을 발견하는 것이라면 이러한 태도야말로 가장 바람직한 태도라고 말할 수 있다. 그러나 시인의 말에 의하면 "나는 쉽게 해석되지 않는 문장이다" 시인은 "누군가 내 발바닥에 밑줄을 긋고/몇 개의 각주를 달아주지만/나도 아직 나를 다 읽지 못했다"고 말한다. 시인은 여전히 자신이 시와 세상을 향한 '물음표의 진행형'임을 잊지 않고 있다.

이상에서 살펴본 바와 같이 이광복의 시들은 튼실한 현실 인식과 역사의식 위에 서 있어서 공허하지 않고 여타의 리얼리즘 시편들에서 흔히 발견되는 직설화법 대신 균형 잡힌 언어감각과 적절한 비유의 문법이 돋보인다. 그의 시는 본질적으로 '메멘토 모리'의 시간 의식 위에 놓여 있고, 그 뿌리에는 죽음 의식이 자리하고 있다. 그는 죽음의 거울을 통해 반성적으로 세상을 본다. 그의 시는 선형적인 시간관을 가지고 있다. 하지만 그의 시는 소멸을 지향하지 않고 아이러니한 현실의 단절된 벽을 넘어 새로운 소통을 꿈꾼다. 그의 시 쓰기는 이러한 인식의 기반 위에 튼실하게 서 있어서 미덥게 느껴진다. 신춘문예 등단작에서 그가 "떨어지는 열매들은/ 뿌리를 향해 기억을 눕힌다"고 진술하고 있는 것은 앞으로 그의 시가 보다 근원적 물음의 세계로 나아가리라는 기대감을 갖게 해준다.

이 도서의 국립중앙도서관 출판시도서목록(CIP)은 서지정보유통지원시스템 홈페이지(http://seoji.nl.go.kr)와 국가자료공동목록시스템(http://www.nl.go.kr/kolisnet)에서 이용하실 수 있습니다.(CIP제어번호: CIP2017018268)

문학의전당 시인선 0264

발이 버린 신

초판 1쇄 인쇄 2017년 8월 1일
초판 1쇄 발행 2017년 8월 8일
지은이 이광복
펴낸이 고영
책임편집 서윤후
디자인 헤이존
펴낸곳 문학의전당
출판등록 제2017-000002호
주소 서울시 마포구 마포대로 11길 91, 3층
전화 02-852-1977 팩스 02-852-1978
전자우편 sbpoem@naver.com

ISBN 979-11-5896-331-6 03810

* 이 시집은 2015년 서울문화재단 문학창작집 발간지원사업에 선정되어 제작되었습니다.